逃脱游戏

奥德赛

[法]雅纳·克达尔（Yann Caudal）著 [法]热罗姆·雷昂（Jerome Leon）插图 岳宜朋 译
[法]尼克尔·马松（Nicole Masson）

机械工业出版社
CHINA MACHINE PRESS

图书在版编目（CIP）数据

逃脱游戏．奥德赛 /（法）尼克尔·马松（Nicole Masson），（法）雅纳·克达尔（Yann Caudal）著；岳宜阳译．—北京：机械工业出版社，2022.8
ISBN 978-7-111-71027-1

Ⅰ．①逃…　Ⅱ．①尼… ②雅… ③岳…　Ⅲ．①智力游戏　Ⅳ．① G898.2

中国版本图书馆 CIP 数据核字（2022）第 102410 号

机械工业出版社（北京市百万庄大街 22 号　邮政编码 100037）
策划编辑：梁一鹏　　　责任编辑：梁一鹏　刘　岚
责任校对：薄萌钰　刘雅娜　责任印制：单爱军
北京彩和坊印刷有限公司印刷
2023 年 1 月第 1 版第 1 次印刷
210mm × 210mm · 5.6 印张 · 70 千字
标准书号：ISBN 978-7-111-71027-1
定价：196.00 元

电话服务
客服电话：010-88361066
010-88379833
010-68326294

网络服务
机　工　官　网：www.cmpbook.com
机　工　官　博：weibo.com/cmp1952
金　书　网：www.golden-book.com
机工教育服务网：www.cmpedu.com

推荐序

我是一名真人密室逃脱职业玩家，对解谜类产品一直情有独钟。从2013年9月起，我便一直沉迷于以密室逃脱为主的实景解谜游戏中，在数独和魔方等益智类游戏方面也有所涉猎，之前也体验过国内的一些解谜书产品。

这本法国的解谜书以图画为主要表现形式，在展现丰富多彩的故事情节的同时，又在剧情中嵌入了妙趣横生的逻辑谜题。有些环节需要配合本书所附的线索簿中的线索或道具才能进行，一定程度上增加了谜题的趣味性，也考验了读者解决实际问题的能力。解开谜题后，读者可以自行翻看附在正文后的答案查验。

在测试的过程中，我遇到了一些涉及法语单词的谜题，这些谜题很难流畅地译成中文，为了让国内的读者朋友们有更好的体验，在保留原有谜题题型及解题思路的基础上，我提出了一些优化建议，以便读者顺利地阅读并解答谜题。

本书取材于古希腊《荷马史诗》中的《奥德赛》，除了紧凑的情节外，还通过图画展现了神话中英雄与神怪之间的种种精彩博弈。另外，书后所附的线索簿中道具数量较多，极大地丰富了可玩性。读者体验过后，会对希腊神话的相关知识有进一步的感悟。

本书谜题难度相对适中，逻辑性强，比较适合喜爱解谜书的读者，希望它能给你带来一次与众不同的全新体验。

王蔚

2022年4月

在这个游戏中，你将参与一段扣人心弦的故事！你会面对狂暴巨兽，你需要保持勇敢、机智，再加点好运气。暴风雨即将来临，公主们和女巫们试图挽留你，但你——尤利西斯——最机敏的希腊英雄，必须踏上归途，返回伊塔卡岛与你的妻子佩内洛普和儿子特勒马科斯团聚。你的母亲安提克勒亚和老父亲拉埃尔特斯同样在期盼着你的归来，甚至你那条年迈的狗狗阿尔戈斯也在准备欢迎你回家！

你离开故土已经太久了！希腊所有的国王都发誓要互相帮助，所以当年轻的特洛伊王子帕里斯绑架了美丽的海伦——墨涅拉俄斯国王的妻子时，其他国王纷纷伸出援手攻打特洛伊城，这是一场旷日持久的鏖战。

战争结束了，每个人都将重返家园。你将离开希腊人的营地，登上船回到伊塔卡岛，那里有你的王国。

你返乡的途中有真正的盟友：雅典娜和她的爱鸟——猫头鹰。雅典娜女神很欣赏你，因为你的聪明和机敏——这些品质和她及她的爱鸟猫头鹰很像。

为了帮你，雅典娜的猫头鹰陪伴了你整个航程：仔细观察你返乡途中的背景，猫头鹰们就藏在里面。每当你发现一只，就从线索簿中把它剪下来。这些猫头鹰在你遭遇风暴时能够帮你渡过难关。

希腊人正在拔营，因为他们伟大的战士阵亡了。你目睹了骁勇善战的阿喀琉斯之死，他一度被认为是不可战胜的。你和同伴阿贾克斯闹翻了，他因为你得到了阿喀琉斯生前的武器，而妒火中烧，愤而自尽。
但现在不是回忆这些伟大时刻的时候，你该出发了。
其他英雄们集结了他们的军队，准备起航。他们和你一样，在等待有利的风向，期间他们准备以竞技的方式打发时间。

为了能够离开特洛伊，你需要解开几个谜题，进而得到一个单词作为起航的密码。取下线索簿第29页的希腊字母表，接着去往下一页开始你的冒险。
集中精神，开始吧！
Ath

对特洛伊城的围攻没有真正结束。正是你，足智多谋的尤利西斯想出这个计策：造一匹巨大的木马，将士兵藏于其中，在夜间把木马运到特洛伊的城墙前，让他们相信希腊人已经拔营离开了。

好奇心促使特洛伊人将木马运进城中，砰！士兵们从藏身之处冲出来，从而取得了胜利！

每个立方体里都藏有一个士兵，特洛伊木马的身体中一共可以藏匿多少士兵？

在这里记下士兵的数量：________。

这里面有几个亚该俄斯人（希腊人的别称）的国王。你能标出墨涅拉俄斯、阿伽门农和涅斯托尔分别在哪里吗？

如何辨认出他们：

阿伽门农：戴着红色面具，与他的鞋相配，他披着黄红相间的斗篷，盾牌中央刻着一轮太阳图案。

墨涅拉俄斯：戴着蓝色面具，穿着黑色的鞋，披着黄蓝相间的斗篷，盾牌中央没有刻三角形图案。

涅斯托尔：戴着红色面具，穿着红色的鞋，披着绿红相间的斗篷，盾牌中央刻有三角形图案。

现在你认出他们了，在下列表格中分别记下他们的序号和标枪飘带的颜色。

名字	阿伽门农	墨涅拉俄斯	涅斯托尔
序号			
飘带颜色			

在等待出发时，为了打发时间，亚该俄斯人举办了一场标枪比赛。

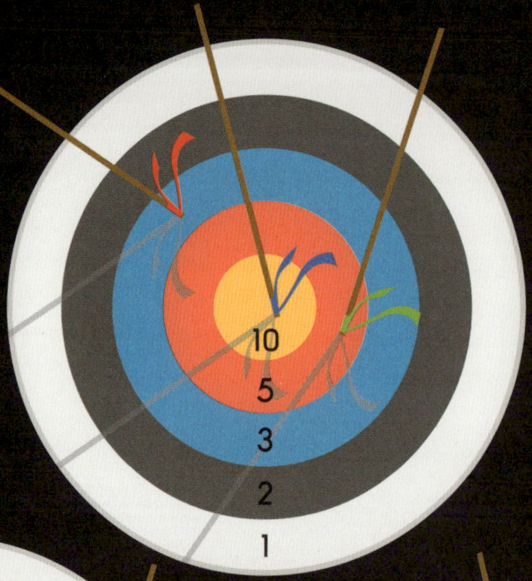

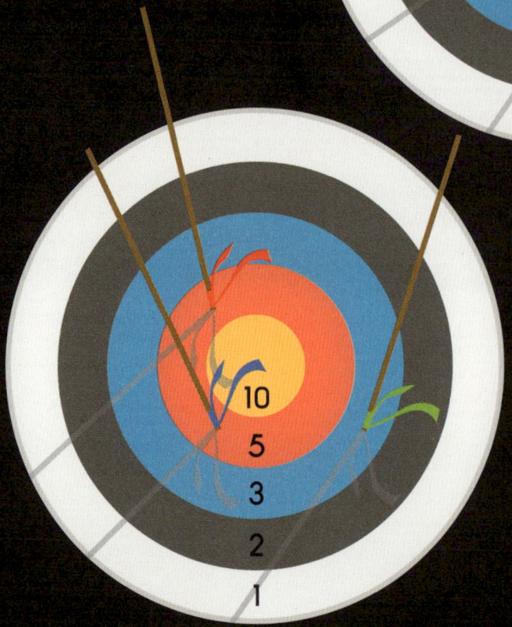

墨涅拉俄斯、阿伽门农和涅斯托尔的总分分别为多少？仔细观察这些靶子并计算每个人的总分。

记下三位亚该俄斯国王的总分。

名字	阿伽门农	墨涅拉俄斯	涅斯托尔
总分			

要离开特洛伊，你得找到密码。密码是一个单词。

你必须把在之前谜语中找到的数字填在下表中。

寻找项	特洛伊木马中士兵数+8	涅斯托尔的得分−14	墨涅拉俄斯的得分−5	阿伽门农的得分−12	涅斯托尔的得分+5	墨涅拉俄斯的得分÷2
数目						
对应的字母						

看看你的希腊字母表，所有字母都标上了号码。把以上数字所对应的字母写下，你会得到一个六个字母组成的单词。

要证实密码是否正确，请去线索簿第21页核实。

你如果已经核实完密码，就可以升帆起航了。
去线索簿第20页了解你的船所在位置。

这座陌生小岛的景色太美了！你带上了水和葡萄酒，与船员们一同登岛去探查了周围的情况。
但现在突然下起了雨——你们得找个岩洞避雨。

不要走错路了，赶紧去岩洞避雨！

岩洞里关着一群绵羊，你们在羊群中感觉既干燥又温暖，但平静只持续了一小会儿：一只巨怪出现了，他也想进入岩洞中，因为……这是他的洞穴！

依次连接点1 ~ 124，点140 ~ 152，然后按照字母顺序连接A ~ S点，看看最终图案像什么。

转瞬间，巨怪一口吞下了你的两个同伴！

你保持着镇静，尝试和他进行谈判。当他问你叫什么名字时，你回答道：

我只是一个无名小卒。

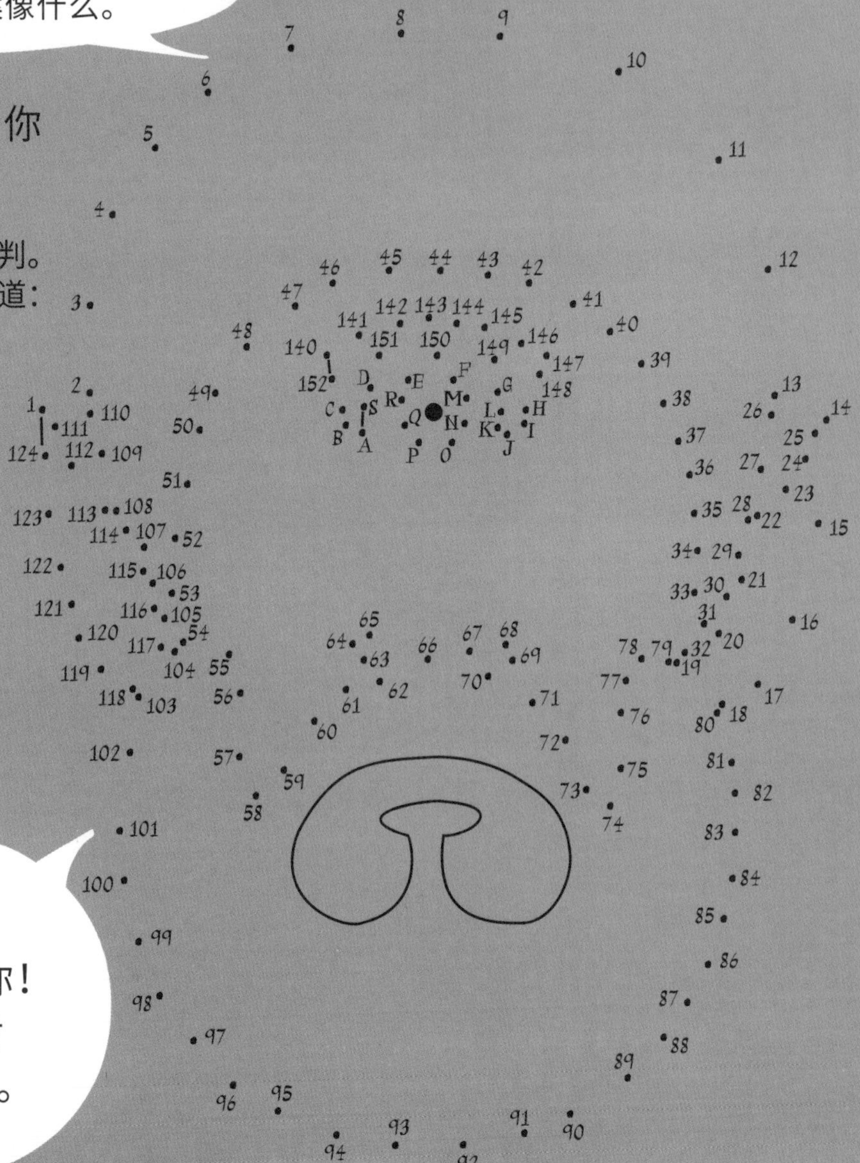

很好，
我很喜欢你！
我会最后
一个吃你。

借助拼音填写下列表格。这四个词语的共同点将告诉你避开波利菲姆的方法。

1. 啤酒、香槟、威士忌中都含有的，但不建议青少年饮用的。
2. 绿色或紫色的成串水果。
3. 饮酒过量后神志不清的状态。
4. 哺乳动物血液的颜色。

你把带的葡萄酒全部给了波利菲姆，他喝醉后沉沉睡去。为了保证安全，你抓起一根木桩，刺瞎了他的独眼：他再也看不见你们逃跑了！
从九个细节图中找到属于从大图中提取的部分。
然后，你命令你的伙伴们每人选一只羊，紧紧抓牢并贴在羊肚子上。这样，当波利菲姆让羊群出岩洞并摸羊背清点数量时，就不会发现你们了。

波利菲姆愤怒而又痛苦地尖叫着，被尖叫声吸引过来的其他巨怪问道：“谁把你伤成这样？”当他回答是一个无名卒时，其他巨怪都嘲笑他。
波利菲姆的父亲是海神波塞冬，他非常生气。你将迎来5号风暴，去风暴那页（第40页），迎接挑战吧。这一次，你逃不掉了！

经过几日的航行，一座树木繁茂的小岛映入眼帘。岛上植被丰富，你和船员们欣赏着灿烂阳光下盛放着的美丽花朵。
你下船上了岛，热情的人们笑着迎接你们，他们自称为罗多人。他们的食物只有一样东西：被称为罗多果的一种美味花朵，这花朵是他们的幸福源泉。
你和几个同伴出发去岛上探险。当你们回来时，发现罗多人让留下来的船员们品尝如蜜般香甜的罗多果。这些船员们感到放松、愉悦和享受。

罗多人还教你们如何画罗多果，他们鼓励你在两分钟以内画出一朵。利用尺子、圆规和计时器，再现左边这朵美丽的花。如果你愿意的话，还可以给它着色。

这一切都让人感觉很放松，但时间很快过去了，你的同伴没有流露出半分要离开这里的意思。这朵花很甜蜜，能让人忘记一切……然而，你们已经休息完毕，充分补给后就能够重新起航了。

你让罗多人帮同伴们解开罗多果的魔力，他们同意了。他们有一种解药，但条件是你能通过接下来的考验。如果你成功了，他们就给你们食物和水，让你们离开。

用以下四张骨牌填满表格，使得每个图案在每行每列只出现一次。

恭喜你成功了，罗多人祝贺着你并给你的同伴们吃了解药。他们的身体抖动了一小会儿，忘记了刚刚发生了什么事情。现在该出发了：你命令你的船员们将船装满补给，然后上船起航。

但是要小心暴风雨！

你已经知道怎么做了：去风暴那页（第40页）挑战2号风暴。

火焰之河
(PHLEGETHON)
憎恨之河
(STYX)
苦恼之河
(ACHÉRON)
悲叹之河
(COCYTUS)
现在你在地狱入口，你要去请教先知泰瑞西亚斯的灵魂。

想召唤泰瑞西亚斯的灵魂，你得按照正确的顺序完成仪式所有的步骤。

N. 在墓的上方献祭一只黑母羊

E. 将清水洒在地上

R. 向逝者祷告

O. 在墓的上方献祭一只羊羔

H. 将甜葡萄酒洒在地上

A. 用剑凿一个墓

C. 将蜂蜜牛奶洒在地上

如果你不知道接下来该怎么办，去线索簿31页。

一旦你完成这些神圣的仪式，一群鬼魂就会被你召唤而来。

几个鬼魂似乎都认识你，还跟你讲话。你认识他们吗？回忆回忆，将以下会话气泡和相应的鬼魂连接起来。
1 喀耳刻让你来找我，这样你就可以知道你和你的祖国还有什么危险。
2 你很好地使用了我的武器，聪明机灵的尤利西斯
3 我可怜的孩子，我等你很久了。但巴赫克一点也不可怜我，还把我带走了。
4 我回到了斯巴达，但不幸的是，我的妻子背叛了我，还谋杀了我。
5 我拒绝和你说话。
阿贾克斯
泰瑞西亚斯
阿喀琉斯
安提克勒亚
阿伽门农
如果你难以记起这些人，就去线索簿的第22页。
泰瑞西亚斯提醒你，必须遵守他们给你的警告，随后就把你送回喀耳刻那里。

一回到喀耳刻那里，喀耳刻就告诉了你下一个挑战：美人鱼。
找到与定义吻合的词语：彩色格子里将有你接下来冒险中用到的三样东西，其中两样是你生存下去不可或缺的。

用来打猎的远程武器
用来照明
海中八只触角的生物
在大海上航行的人
用来劈砍的近身武器

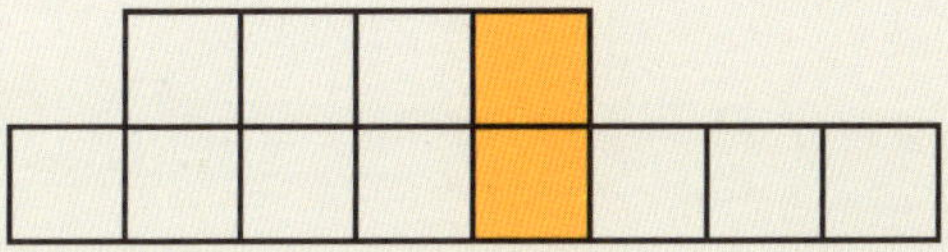

射箭的武器
海中像人一样的生物

尤利西斯的儿子
阿伽门农的面具颜色
岩洞中遇到的巨怪
尤利西斯的盟友
用来献祭的动物
尤利西斯的父亲
希腊士兵藏匿的地方
盟友的象征

你找到这三样东西了，对吗？那么你已经做好挑战美人鱼的准备了！
如果想立即前往挑战，翻开线索簿的32页。

如果没有找到，就去线索簿28页看看要填的这些词的清单和拼音。

一个小岛出现在眼前……小岛上荒无人烟……放眼望去，你见不到农作物，也见不到田野……只有一些牲畜，一群山羊在岩石上吃草，牛也在咀嚼。你将船停泊在港口，看见远处升起一缕炊烟。毫无疑问，这是个村落。

你让船员去打听你们在哪儿，还是你和他们一起下船？
在做决定前，你选择咨询神谕，神谕将告诉你岛上住的是谁，以及是否危险。请翻到下一页。

神谕一开始就以谜题的形式告诉你生活在此的居民的名称。

圈出这块板上你认识的所有词的拼音，在之前的书页你已经见过这些词汇了。

这些词可能是人名、地名或风的名称。在对剩下的字母进行排序时，你将知道这个部落的名称。

Z	E	F	E	I	L	U	O	S	I	L
A	M	O	N	I	E	L	A	E	S	I
I	S	A	I	E	L	U	O	S	I	I
A	J	I	A	M	E	N	N	O	N	G
	T	N	U	O	T	U	O	S	I	E
P	I	L	U	O	S	I	L	I	G	
O	N	I	E	S	I	T	U	O	E	R
B	O	R	U	I	A	S	I	N	G	

把部落名写在这里：

____

如果你不能找到所有的词，就去线索簿31页看看词语清单。

现在你知道了你即将上岸的地方是哪个部落的地盘，你需要知道这些人是排外的还是热情的……

这是一个巨人部落。他们靠饲养家畜为生，以奶酪为食。但他们更喜欢的是吃外族人的新鲜肉，因为他们是巨食人族！

神谕已经告诉了你答案。

现在你如何决定？
是下船登岛还是出发去寻找另一个岛呢？

如果你想登岛，请翻到线索簿的第20页。
如果你想继续航行，就不要靠近岸边，去风暴页（第40页）挑战1号风暴。

你的同伴们把你松绑了，但前方有两只巨兽挡住了去路，看样子很不好惹。

有一个像巨大的嘴一样的东西吐出翻滚的海浪，就像一口沸腾的锅。你能叫出它的名字，并安抚住它吗？

你已经被困在海浪迷宫中了，从迷宫的上方进入，从下方出来时取下你找到的通道上的字母：这些字母按照路线顺序排序就组成了怪兽的名字。

你大声叫第一只怪兽的名字，成功地让它平静下来，但接着，斯库拉用它的触角抓住了你船上的水手们。

在这个混乱的场景中有多少只带触角的巨兽？

斯库拉活吞了好几个水手，其他水手都被淹死了。

你失去了所有的同伴，但你一定能够离开这里。
你只能亲自掌舵航行，努力避开卡律布狄斯和斯库拉。

你成功脱险后，翻到线索簿的第14页。

到了与其他希腊国王最后告别的时间了。海面吹起了顺风，你们将离开特洛伊，起航远行了。
第一步，前往风神埃俄罗斯所在的岛屿，他应该能给你一些建议，让你摆脱风暴，更安全地航行到伊塔卡岛
埃俄罗斯生活在一座随风飘浮的小岛上，这座岛似乎是被金属的城墙所包围着。
你能发现城墙是什么材料砌成的吗？
解开下列字谜，你会找到答案。
连日不雨利于行
去金不异忠于心

埃俄罗斯和他的孩子们生活在此，他共有几个孩子？几个女孩？几个男孩？
解出这个谜题，找到答案：每个女儿有六个兄弟，每个儿子有六个姐妹。埃俄罗斯有____个孩子。
想确认你的答案是否正确，就去线索簿第32页。
如果你答对了，继续去下一页见埃俄罗斯。如果答错了，请根据线索看看你哪里出错了。

埃俄罗斯非常友好地为你和你的船员们接风洗
尘，并热情地款待了你们，使你们身心愉悦。
但你没有忘记来这里的目的！他将会传授你风
的秘密，这样你就可以战胜暴风雨了！

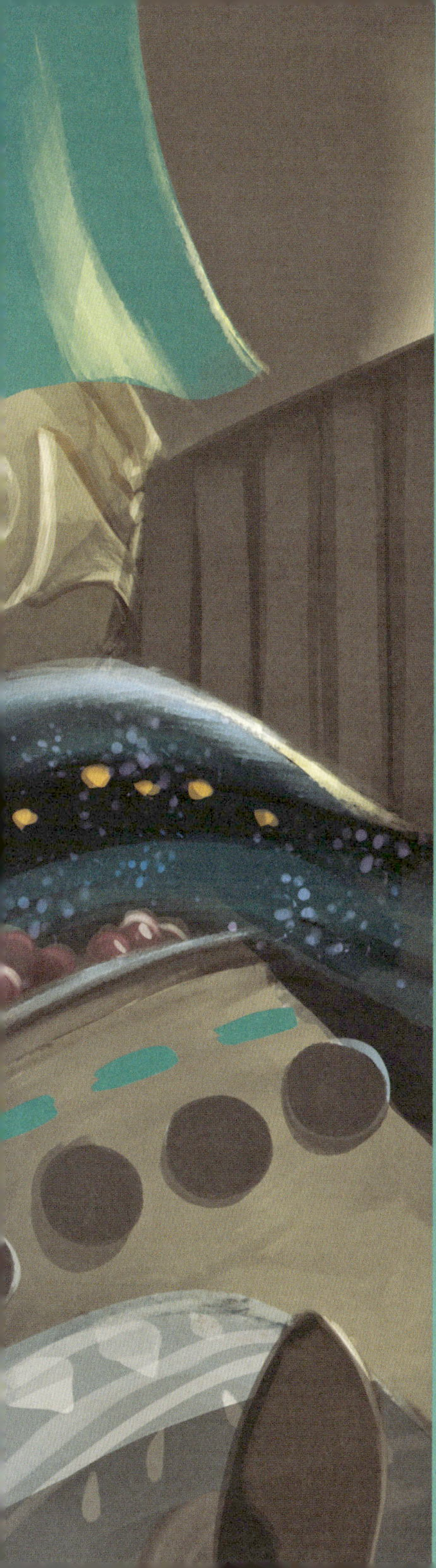

埃俄罗斯决定告诉你四方风神：
玻瑞阿斯（Borée）、欧洛斯（Euros）、诺托斯（Notos）和仄费洛斯（Zéphyr）。
他向你解释：

- **玻瑞阿斯和诺托斯方向相反。**
- **南风和东风的名字最后一个字母相同。**
- **仄费洛斯和欧洛斯方向相反。**
- **西风的名字最长。**

你可以把四个风神的名字放在罗盘上正确的位置吗？

试着记住他们的名字和方向。这将会对你有帮助……
在你出发前，埃俄罗斯给了你一个罗盘，以便当你遇到暴风雨时使用。将线索簿1～12页中罗盘的卡片剪下，可成对使用。将这些卡片混合、正面朝下，成堆放置在你附近，当你遇到暴风雨时用得上。

其他的希腊国王并没有你聪明：他们没去看埃俄罗斯，也没有上岸进行必要的补给。尽管路途漫长且险阻，也未能阻止每个人回到自己的家。

将每位希腊国王与他们所到达的城市相连

要从埃俄罗斯家出发，需要找到密码。这次的密码仍然是一个单词，意为“字母表中的字母”。

填写下列表格找到密码：

	迈锡尼国王名字拼音的第7个字母后移11位	斯巴达国王名字拼音的第1个字母后移8位	阿伽门农所在城市拼音的第1个字母前移7位	墨涅拉俄斯所在城市拼音的最后一位
对应的字母				

如果你想确认你的密码是否正确，就去线索簿第22页看看。

你找到离开埃俄罗斯岛屿的密码了？祝贺你！

但你的船将驶向何处？南边还是西边？
命运将决定此事！
把你的线索簿封面上的骰子剪下、折叠并粘贴好，然后掷骰子。
若是偶数，就向南航行并去第26页。
若是奇数，风将把你吹向西边，请你去第42页。

在线索簿裁下你的船（第16、17页）以及“船损”的方块（第14页）。你可以用这些方块标注暴风雨给你造成的损害……

1号风暴挑战

如果你重新起航，掷骰子看看暴风雨是否来了。若你得到：

▶ 1、2、3或4：一切顺利，海面平静。

▶ 5或6：有暴风雨！读右页，尽力逃出去。

然后继续第18页的航程。

2号风暴挑战

掷骰子：

▶ 1、2、3、4或5：一切顺利，海面平静。

▶ 6：有暴风雨！读右页，尽力逃出去。

然后继续第12页的航程。

3号风暴挑战：

太阳神真的怒了！他要求天神们惩罚你，雅典娜想要帮助你，但是有心无力。

你可以一直掷骰子但无论如何，都有暴风雨！

读右页，尽力逃出去。

然后继续第56页的航程。

4号风暴挑战：

▶ 1、2、3、4或5：一切顺利，海面平静。

▶ 6：有暴风雨！读右页，尽力逃出去。

然后继续第12页的航程。

5号风暴挑战：

波塞冬真的怒了：暴风雨来了！

读右页，尽力逃出去，然后继续第46页的航程。

暴风雨

地中海表面风平浪静，但不要被骗了！
暴风雨会很可怕……你现在被困在风浪之中。
幸运的是，埃俄罗斯告诉了你罗盘的秘密，你可以平息恶劣的天气。

将你从线索簿中取下的罗盘卡片背面朝上，成排放置。
就像在记忆翻牌游戏里，你连续翻两张牌。如果两张卡片相同，从中取出，继续翻。连续翻对，只算玩一次。如果没有翻对，把卡片重新背面朝上放置，直到你把所有的卡片成对正确翻对。记下你花了多少次才能把所有卡片翻出来。

▶ 1~3次：没有船损
▶ 4~6次：1处船损
▶ 6次以上：2处船损

将海损放到你船上那些空置的地方。

如果此前你找到了藏在背景里的雅典娜的猫头鹰，你可以消耗一只猫头鹰来修缮一处船损。不要忘了在翻页时收集猫头鹰。

请注意，不能让船完全被摧毁！如果船损严重，请把它修好。

经过一些天的航行，起风了！先是诺托斯，后是仄费洛斯！
你还记得这些风从哪儿来吗？
补充下列句子。
诺托斯是来自__________的风。
仄费洛斯是来自________的风。
然后检查第37页：
• 如果你没弄错，当下一个风暴挑战来临时骰子点数减去1，因为你成了老练的水手。
• 如果弄错了，当下一个风暴挑战来临时给骰子点数加上1。
总而言之，与暴风雨的搏斗已经让船员们筋疲力尽了。你们靠岸休息。一个岛屿出现了，水手们将船拉到海岸边，你们安全了。
温顺、肥硕的奶牛、山羊和羊羔在吃草，但地平线上一个人也没有。

海滩上有一块大理石石板。
参考汉语拼音字母表解码以下警示。
当你破译后，你把警示告知给你的同伴，然后翻开新的一页。
26 8 21 25 9 !
14 9 25 9 20 1 26 21
19 1 14 3 8 1 10 9 4 1 15 ,
4 1 15 19 8 1 14 7 4 5
19 8 5 14 7 3 8 21
19 8 21 25 21
20 1 9 25 1 14 7 19 8 5 14 ,
20 1 26 8 9 24 9 1 15 26 8 5
25 9 17 9 5 ,
17 9 5 10 9 2 21 25 1 15
19 8 1 14 7 8 1 9
19 8 5 14 7 3 8 21 !

你看着这些静静吃草的奶牛：
它们太漂亮了。
它们很像，除了其中一头，最美的那头，它带着
属于太阳神的标志。是牛群中最珍贵的一头。
你能找到它吗？

你离开牛群，小憩了一会……当你回到船附近时，可怕的事发生了：你的同伴们并没有认真遵守警示，开始杀牛，吃牛肉！
幸运的是，最美的那头还活着！但你感知到一场暴风雨即将到来……太阳神暴怒了：他去向掌管雷电的宙斯告状，他要向你的同伴们报仇。
很快，你收拾好了所有行李：必须马上起航！但是对于某些人来说已经太晚了：雷电突袭而下，劈死了那些杀了牛的人。
而剩下的人去风暴那一页（第40页），迎接3号风暴的挑战。

总算是从暴风雨中逃出来了，你来到了埃艾艾岛，女巫喀耳刻独自生活于此。你和三个船员来到她的宫殿。

谨慎的你让你的船员先进去，喀耳刻请他们吃奶酪和蜂蜜做的菜，给他们喝普拉姆诺斯山的葡萄酒。突然，你发现她给他们下了魔药，他们变成了猪仔！
在从殿中走出来的猪群中你辨认出你的三个同伴：有些猪长得一模一样，他们是完全与众不同的三只。

你回到船上拿武器，找人救你的伙伴。但在路上，你遇到了一个年轻人——赫尔墨斯神。
你带上武器也救不了你的同伴。你得吃一种黑色根白色花的特殊草药。
你能找到隐藏其中的三株特殊草药吗？

你听从赫尔墨斯的建议，吃下了特殊草药，然后来到了喀耳刻身边。接过她递给你吃的食物和酒杯，但在草药的保护下，魔药失灵了。她意识到了你确实是一个聪明机智的人，便同意将你的同伴变回人类。
你向她询问回到伊塔卡岛的建议，她告诉你要顺利完成旅程，为此，你必须去地狱入口咨询著名的先知泰瑞西亚斯……
去第22页寻找地狱入口。

你差点和你的木筏一起被淹没，但一位神救了你，使你在这片海滩上搁浅。
你在这发现了一座破碎的雕像，重组它并找到你恩人的名字。
a
en
少一块吗？也许你在探险的时候见过这块碎片？

腓尼基人生活在这个岛上。阿尔喀诺俄斯国王的女儿瑙西卡和她的婢女去河边洗衣服。
她们的喧闹声惊醒了你，你走向她们。
婢女们都逃走了，但瑙西卡邀请你去宫殿。

为了表达对你的敬意，瑙西卡
的父王举行了盛大的宴会。

去线索簿第21页寻找宾客的名单。
所有宾客都要入席。已经明确了雅典娜的座位，请根据以下提示找到每位宾客的位子。
雅典娜对面是年纪最长的人。
尤利西斯在阿尔喀诺俄斯的右边，他的右边没人。
阿尔喀诺俄斯的对面是他的女儿，但他的妻子不在他的左边。
勒俄达马斯在他的姐姐旁边。
阿莱特的左右都是女人。

宾客们请你讲述你离开特洛伊之后的经历。

别出错，请你依次讲述每段经历。如果你觉得有困难，看线索簿的第19页。

1

瑙西卡和她的父亲知道你很思念故乡伊塔卡岛和你的家人，他们便送了你一艘船和一些粮食，并祝你旅途顺利。

11

天神们都认为你在海上经历了够多的苦难，波塞冬甚至都觉得已经报了仇。下一步你将回到家乡！去第70页。

暴风雨后，你们在海上平稳航行。一座新的岛屿出现在眼前。
这里是吉克诺斯岛，你知道这个部落：他们在特洛伊时与你的敌人一伙，所以你得当心。
机智如你，你让你的人去找吉克诺斯人藏武器的地方，尽可能多地找到武器以削弱他们的力量。因为你别无选择：你还得在这里重新装满补给。

在场景图中找到以下武器：

剑	
长枪	
弓箭	
战斧	

在表格中每种武器旁记录你找到的数量，共有12件武器。
你不必找到所有武器，但你找到越多，下一页将要面临的战斗对你就越轻松。

吉克诺斯人冲上来和你的船员们战斗，由于你偷走了
他们一部分武器，所以他们的战斗力被大大削弱了。

接受排战

首先你要攻击持剑者：

◆先给吉克诺斯人一方掷骰子：在上一页中每发现一把剑，就从骰子的点数中减1。

◆然后给自己掷骰子：如果你的结果比吉克诺斯方的点数更多，你就赢了持剑者。

然后为持长枪者、弓箭手和持战斧者掷骰子，并将骰子点数填入下列表格中。

	吉克诺斯人的力量	你的力量	战斗结果
持剑者			
持长枪者			
弓箭手			
持战斧者			

你打赢这些战斗了吗?

- ◆如果在4局中你赢了3局或4局:你就赢了这场战争!吉克诺斯人承认了你在战争中的价值,他们给你的船装满了水果、鱼和面包。还给你装上一坛水、两坛葡萄酒、蜂蜜、面粉和牛奶。
- ◆如果在4局中你赢了2局:那就打成了平局。吉克诺斯人认为你是个优秀的战略家。他们给你的船装满了鱼、小面包、一坛水和两坛葡萄酒。
- ◆如果你输多赢少:吉克诺斯人战胜。他们虽然嘲笑你们,但他们还是很慷慨:为了换取一只雅典娜猫头鹰,他们还是送了你们面包,一坛水和两坛葡萄酒。

在这里填写你收到的补给:______________________________

____

____

不要忘了感谢吉克诺斯人,并称赞他们的勇气,感谢又一次保护你的雅典娜。
你又要重新上路了,天气仍然变幻莫测。
去风暴页(第40页)挑战4号风暴。

你来到了美人鱼的海域。你牢记喀耳刻的建议：你吩咐同伴们将自己绑在桅杆上，同时用蜡封住同伴的耳朵，以免他们被美人鱼的歌声魅惑。

你听到了美人鱼的歌声，她们好像在诉说什么……

利用下面的对照表解密美人鱼的歌声。

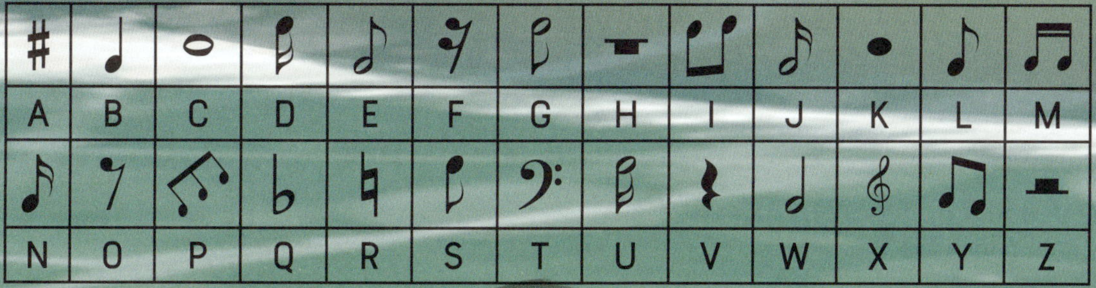

突然，美人鱼向船靠近。她们长什么模样？想要知道的话，就连接点1～156以及点1～136。

喀耳刻是对的：她们令人生畏！所幸，你们未被她们魅惑。你们的船继续航行到第30页。

C	H	A	N	T	E	A	R	G	O	S	C	T
P	N	P	T	A	N	O	Y	E	R	L	N	E
P	O	Y	C	H	F	Y	S	P	U	E	D	E
E	T	L	R	I	E	U	P	O	V	R	C	P
R	O	O	Y	O	R	N	L	R	O	N	O	E
I	S	S	S	P	S	E	A	C	A	G	A	S
P	O	R	T	R	H	E	G	L	S	O	R	T
L	Z	S	B	O	R	E	E	D	I	U	C	E
E	E	R	E	I	N	E	M	I	E	L	D	M
N	P	Z	R	O	M	N	A	E	O	L	E	P
O	H	E	M	A	I	E	P	U	V	I	E	E
R	Y	U	A	V	M	E	R	A	J	A	X	T
D	R	S	T	E	L	E	M	A	Q	U	E	E

仔细观察这幅美妙的场景，牢记其中的细节，然后翻页……

用你牢记的细节来回答以下问题！

1.女神的手镯戴在左手还是右手？

左手 □　　右手 □

2.一共有多少根蜡烛？

18 □　　22 □　　27 □

3.能看见太阳吗？

能 □　　不能 □

4.鹦鹉看向哪边？

左边 □　　右边 □

5.我们在画面上看不到什么颜色的陶罐：

绿色 □　　紫色 □　　橙色 □

6.在女神的裙边，有几条彩色边条？

1 □　　2 □　　3 □

7.女神的头发是披散着的，扎起来的，编了辫子，还是戴着帽子？

披散着的 □　　扎起来的 □　　编了辫子 □　　戴着帽子 □

8.所有的蜡烛都是燃着的。

对 □　　错 □

9.一共有多少条地毯？

________条

10.花是黄色还是粉红色的？

黄色 □　　粉红色 □

你独自在沙滩上，写下了你的思念。

你在思念什么？
以下是一些可以理解你思念的东西。

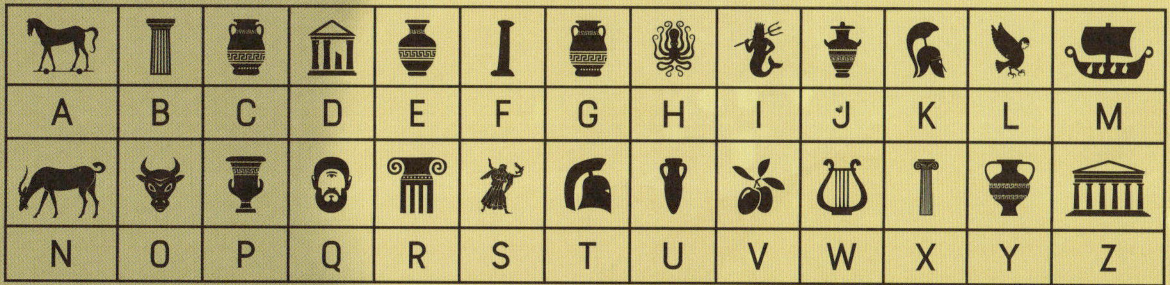

卡吕普索知道你不愿意留下。
她给你仙酒和神酿最后一次邀请你和她一起共享永生。

但你拒绝了她，你想回家！于是她为你准备回家需要的船帆和衣物。
你出发前需要造一个木筏，拿出你的机智和推理能力，找出造木筏的正确顺序。
如果你做到了，请去第50页。

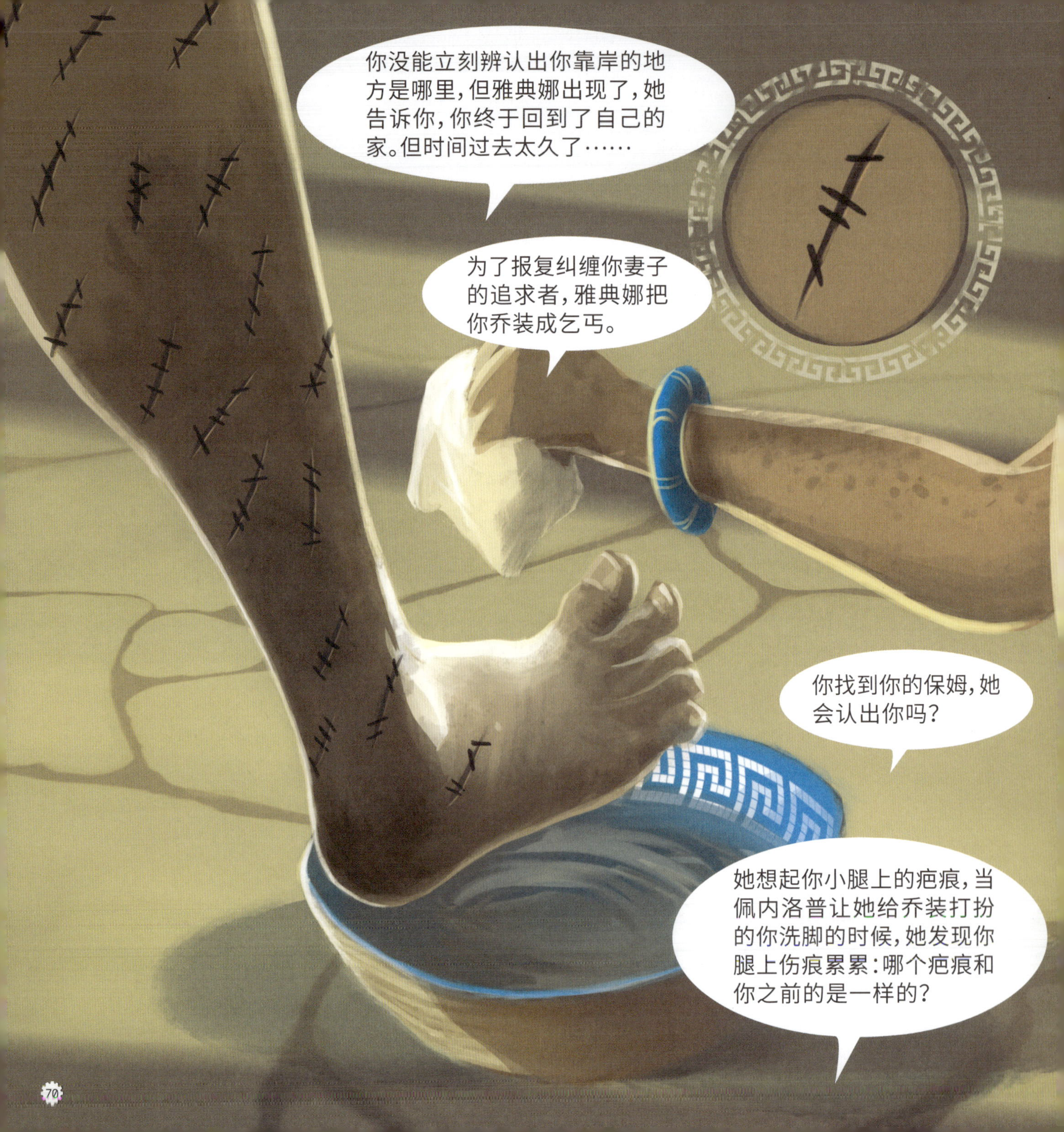
你没能立刻辨认出你靠岸的地方是哪里，但雅典娜出现了，她告诉你，你终于回到了自己的家。但时间过去太久了……
为了报复纠缠你妻子的追求者，雅典娜把你乔装成乞丐。
你找到你的保姆，她会认出你吗？
她想起你小腿上的疤痕，当佩内洛普让她给乔装打扮的你洗脚的时候，她发现你腿上伤痕累累：哪个疤痕和你之前的是一样的？

佩内洛普一直坚信有一天你会回来，她找了很多借口赶走追求者。她说当她织完手上的这块布，她就重新嫁人。但她白天织，夜晚偷偷地拆掉！
一场盛大的竞赛即将开始：能用你的弓的人将成为国王。
你没暴露身份，与追求者们一较高下。
找到这幅画中缺少的部分。

大家发现了，只有你才能拉开你的弓，尽管你乔装成了乞丐，你还是伊塔卡岛的合法国王。你恢复了本来的模样，那些追求者们害怕了，但强烈的仇恨驱使你杀死了他们。
雅典娜的猫头鹰都出现在哪页?你可以参考线索簿第24、25页。
□□□□□□□□□□□□□

这一次，你的考验终于结束了，你重新戴上王冠，与你的妻子佩内洛普和你的儿子特勒马科斯团聚了。你值得拥有这一切！

谜底

第8页：

特洛伊木马中藏有13名士兵。

第9页：

名字	阿伽门农	墨涅拉俄斯	涅斯托尔
序号	**9**	**4**	**12**
飘带颜色	红色	蓝色	绿色

第10页：

名字	阿伽门农	墨涅拉俄斯	涅斯托尔
总分	**19**	**18**	**15**

第11页：

寻找项	特洛伊木马中士兵数+8	涅斯托尔的得分−14	墨涅拉俄斯的得分−5	阿伽门农的得分−12	涅斯托尔的得分+5	墨涅拉俄斯的得分÷2
数目	**21**	**1**	**13**	**7**	**20**	**9**
对应的字母	**F**	**A**	**N**	**H**	**U**	**I**

第13页：

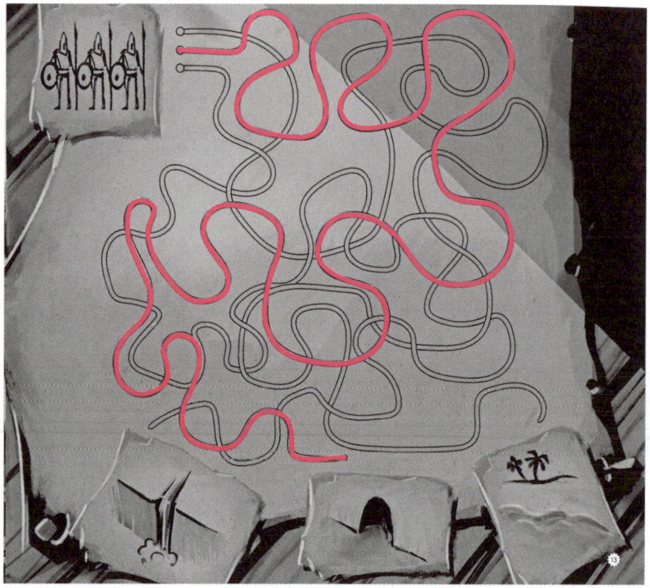

第14页：

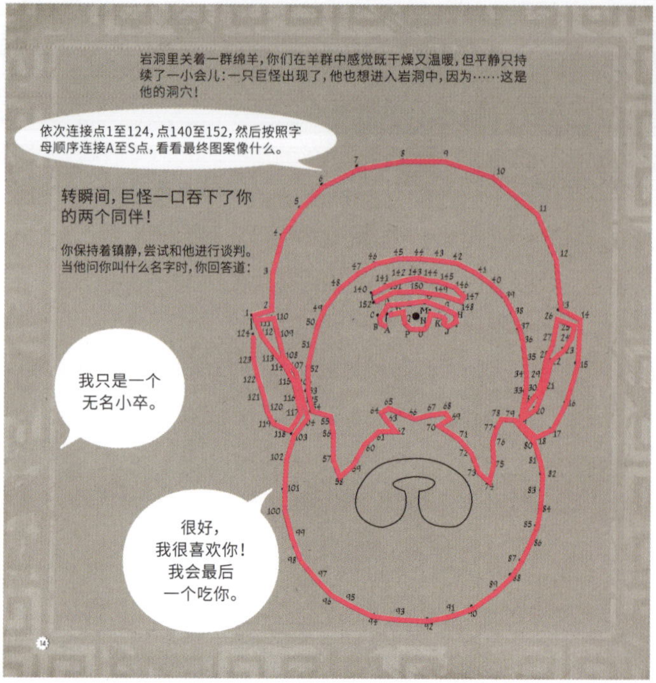

第15页：

					3		
			2		Z		
			P		U		
1	J	I	U	J	I	N	G
			T				
			A				
4		H	O	N	G		

这四个词都与葡萄酒有关，你必须给波利菲姆喝葡萄酒，让他放松警惕。

第16、17页：

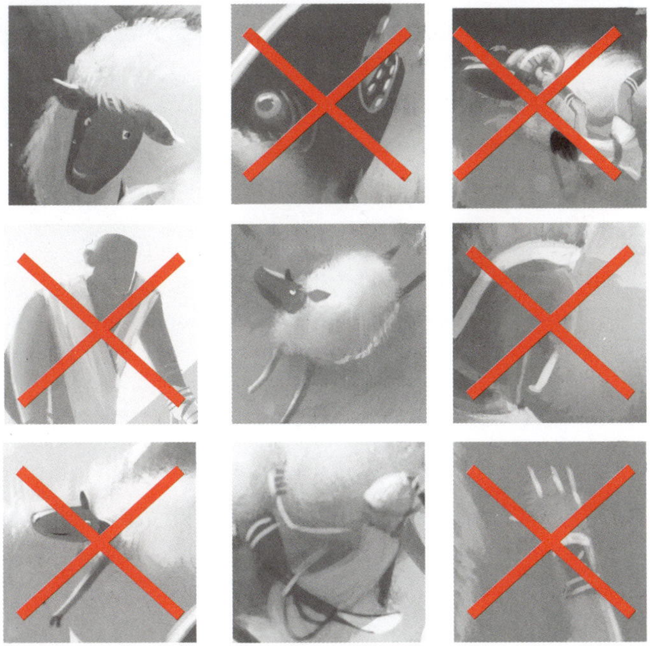

第21页：

第23页：
A.用剑凿一个墓
C.把蜂蜜牛奶洒在地上
H.将甜葡萄酒洒在地上
E.将清水洒在地上
R.向逝者祷告
O.在墓的上方献祭一只羊羔
N.在墓的上方献祭一只黑母羊

第24页：
阿贾克斯—5，泰瑞西亚斯—1，阿伽门农—4，阿喀琉斯—2，安提克勒娅—3。

第25页：

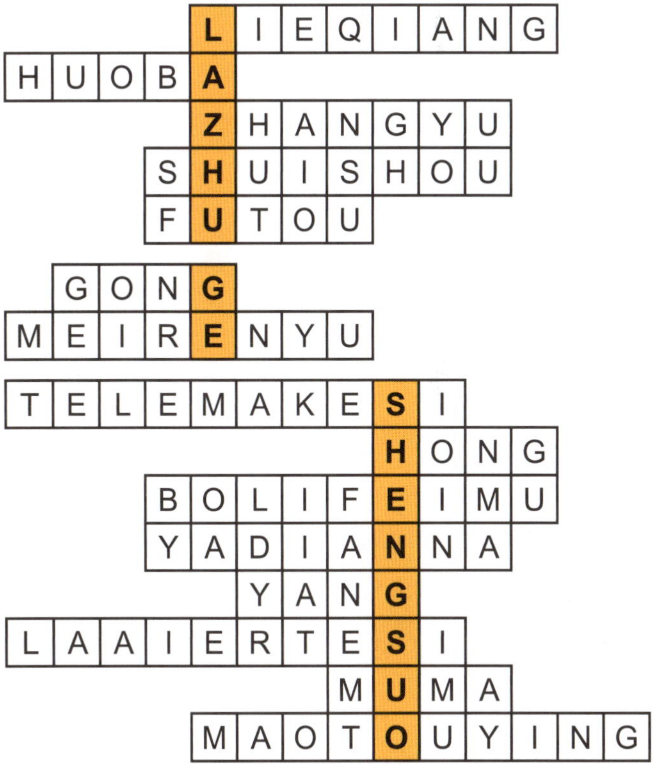

LAZHU蜡烛，GE歌，SHENGSUO绳索。
你生存下去不可缺少的是蜡烛和绳索。

第28页：

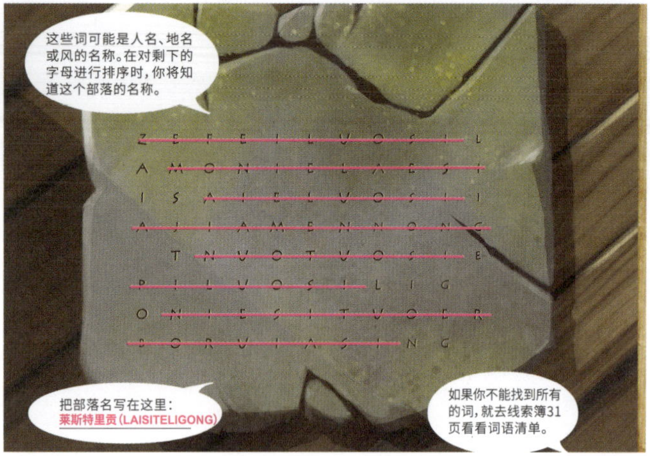

第29页：

这是一个巨人部落。他们靠饲养家畜为生，以奶酪为食。但他们更喜欢的是吃外族人的新鲜肉，因为他们是巨食人族！

第30页：

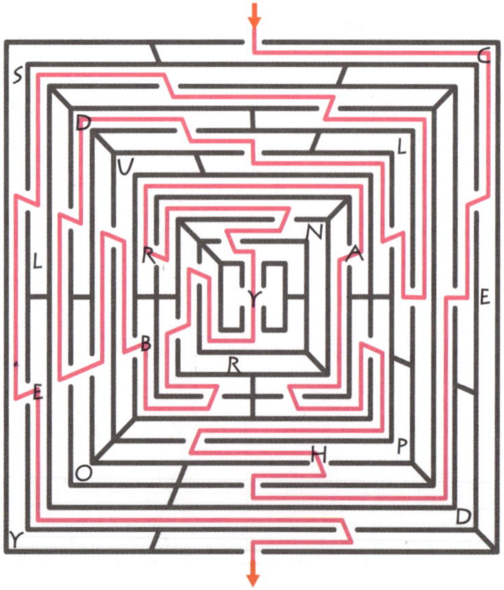

巨兽名叫卡律布狄斯（CHARYBDE）。

第31页：
共有47只巨兽。

第32、33页：

第34页：
连日不雨利于行，不下雨意味着“晴”，连上“日”字后是“晴”字，则原本的字是“青”。去金不异忠于心，“不异”意味着“同”，去掉“金”字后是“同”，则原本的字为“铜”。正确的答案是“青铜”。

第35页：
埃俄罗斯有12个孩子：6个女儿和6个儿子。

第36、37页：

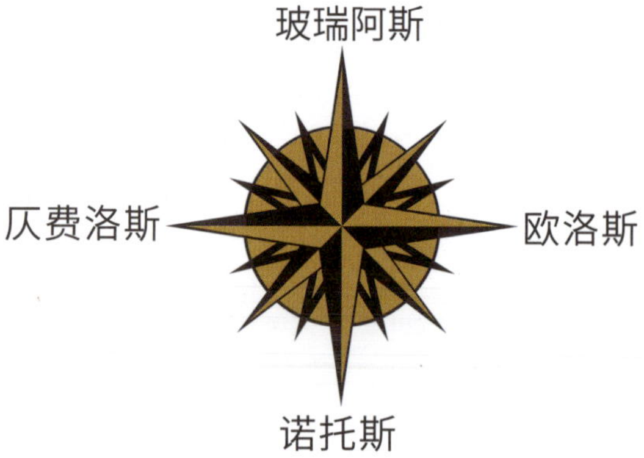

第38页：

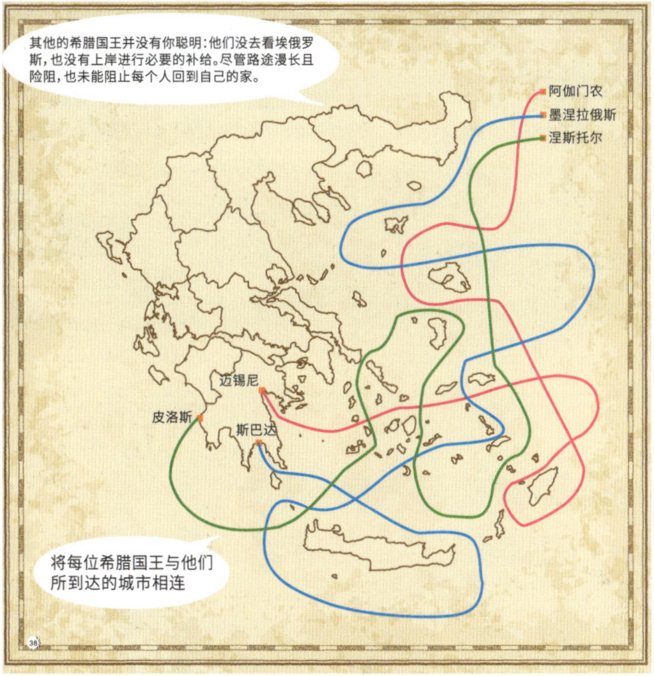

（译者注：路径不唯一，仅用于参考）

第39页：

正确的词是（YUFA）

	迈锡尼国王名字拼音的第7个字母后移11位	斯巴达国王名字拼音的第1个字母后移8位	阿伽门农所在城市拼音的第1个字母前移7位	墨涅拉俄斯所在城市拼音的最后一位
对应的字母	Y	U	F	A

第42页：

诺托斯是南风。

仄费洛斯是西风。

第43页：

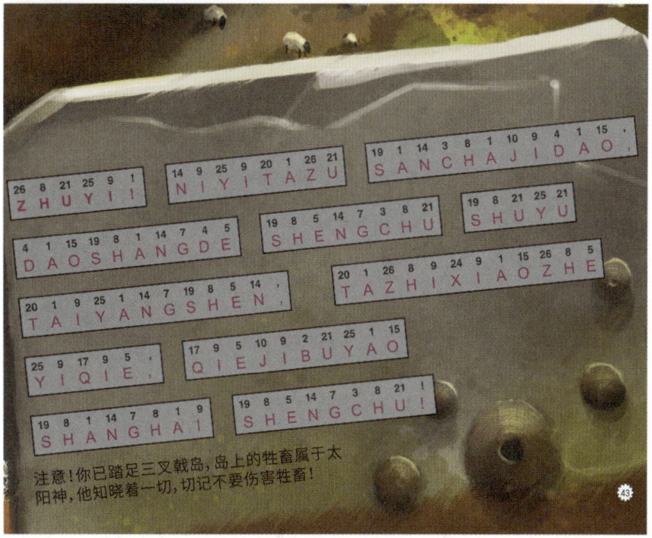

第44、45页：

第46、47页：

第48页：

第50页：

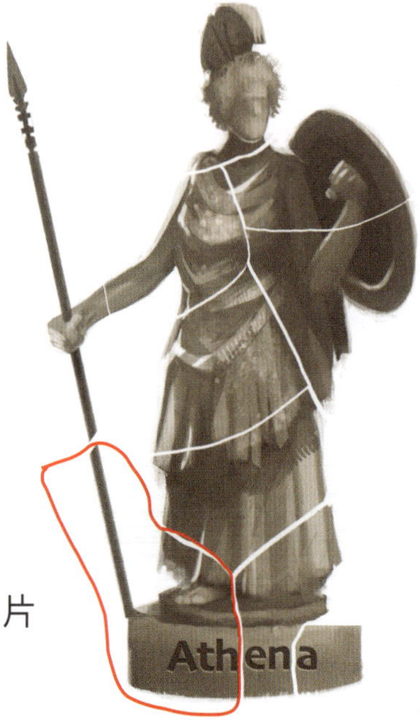

第7页的部分碎片

第52、53页：

第54、55页：

一些经历对你来说毫无意义吗？可能有几次掷骰子影响了你的航线……

第56、57页：

剑	3
长枪	3
弓箭	3
战斧	3

第61页：

来吧，勇敢的水手，让我告诉你一个秘密。

第62、63页：

第64页：

女神的名字是卡吕普索Calypso。

第66页：

1.右手
2.27
3.不能
4.右边
5.橙色
6.1
7.编了辫子
8.对
9.两条
10.粉红色

第67页：

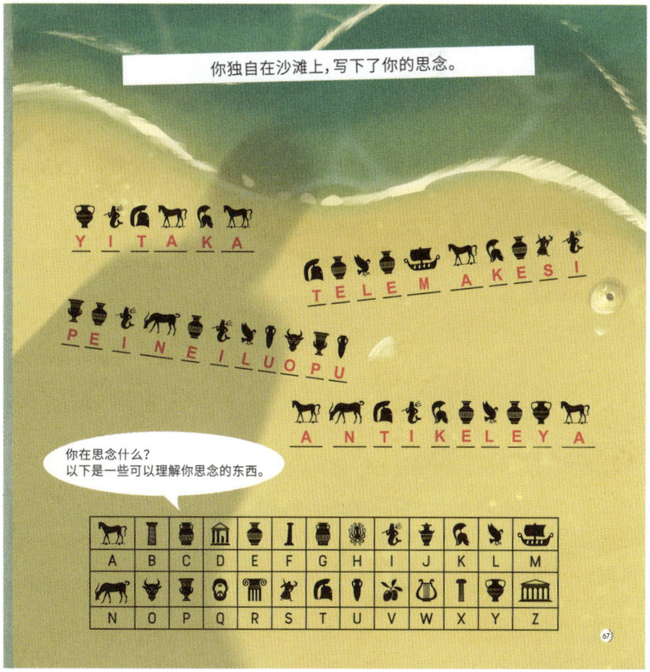

特勒马科斯，伊塔卡，佩内洛普，安提克勒亚。

第68-69页:

第70页:

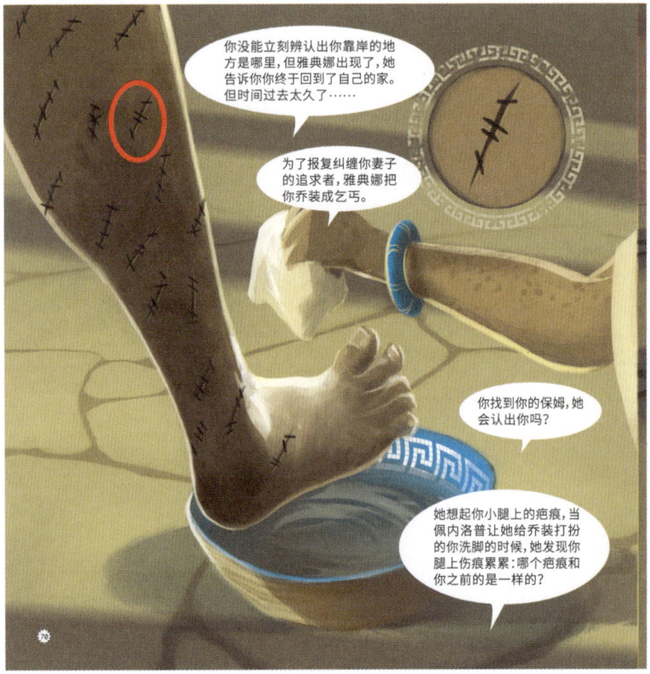

第71页:

第72页:

雅典娜的猫头鹰在第：

12、16、18、34、36、43、46、51、52、58、65和72页。

上架指导 益智/推理故事
ISBN 978-7-111-71027-1
9 787111 710271 >
定价：196.00元

奥德赛

线索簿

制作你的骰子：

• 沿黑线剪下；
• 沿虚线折叠；
• 根据下面的示意宽度粘贴。

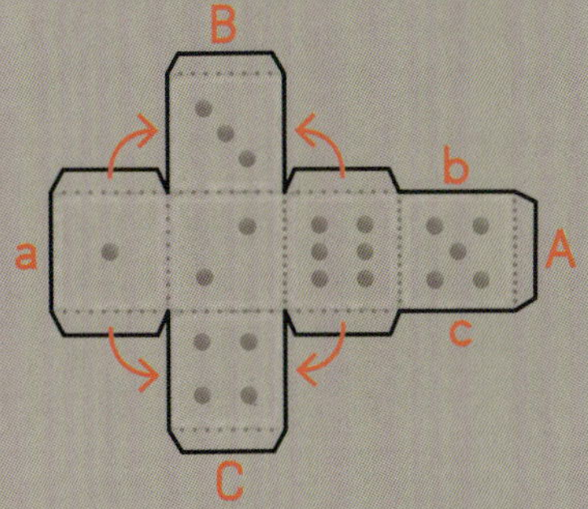

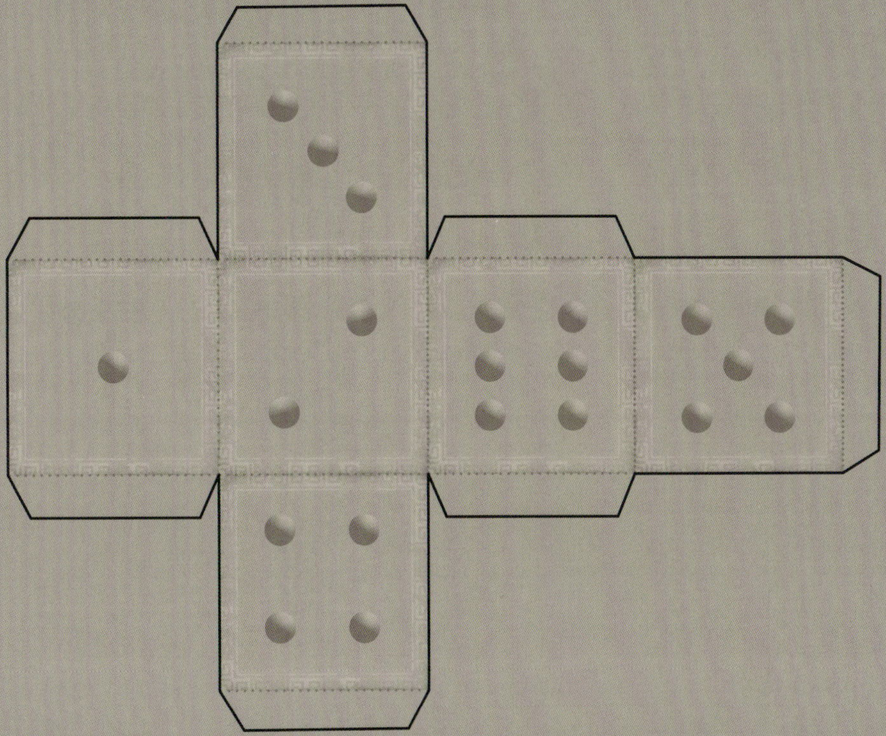

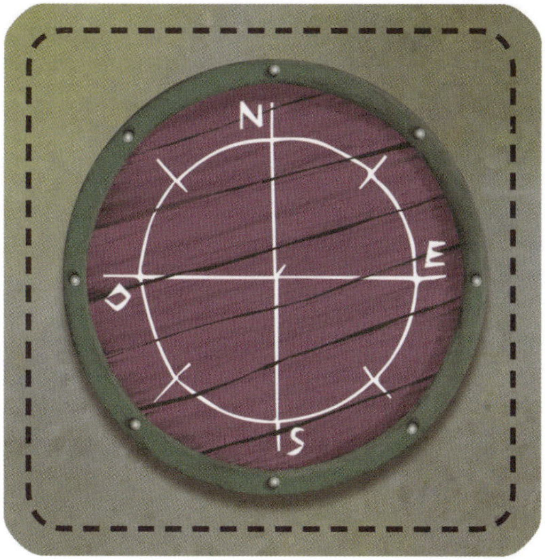
N
E
S
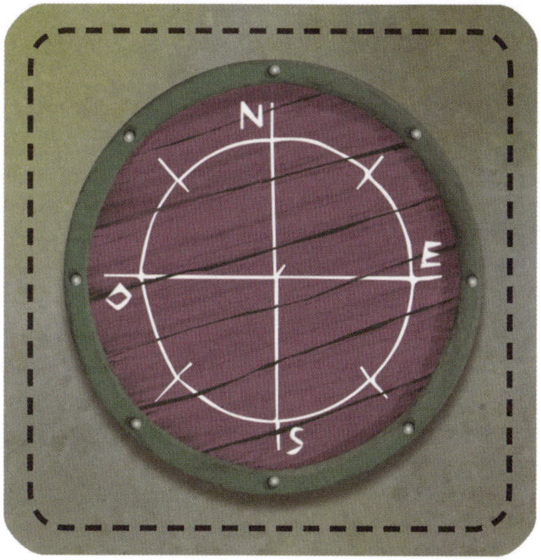
N
E
S
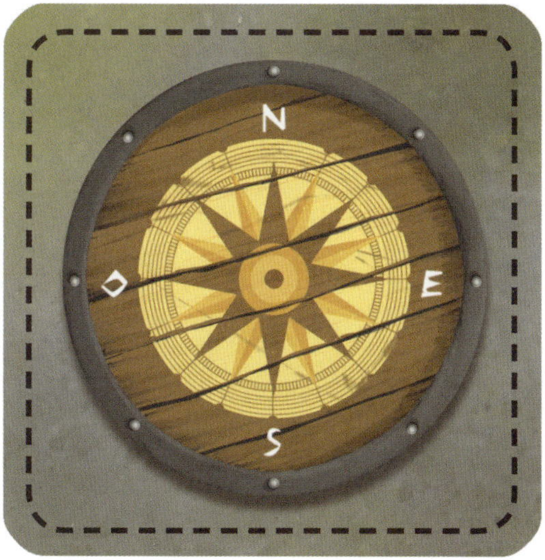
N
E
S

N
E
S

N
E
S

N
E
S

N
E
S

N
E
S

N
O
E
S

N
O
E
S

N
O
E
S

N
O
E
S

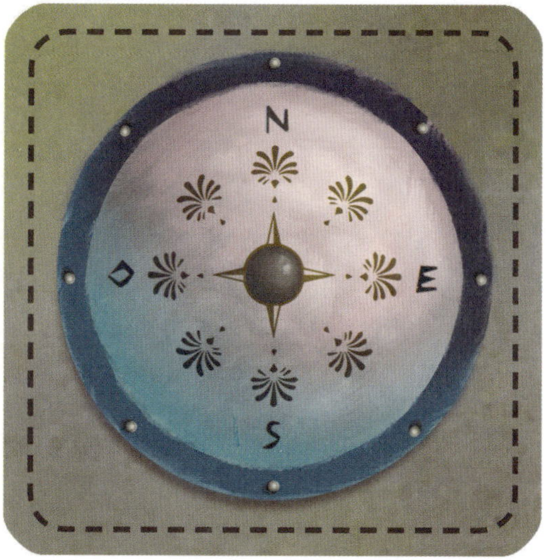
N
E
S

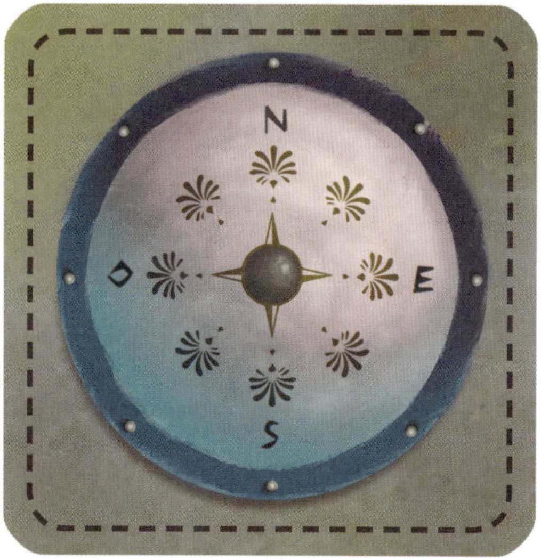
N
E
S

N
E
S

N
E
S

N
E
S

N
E
S
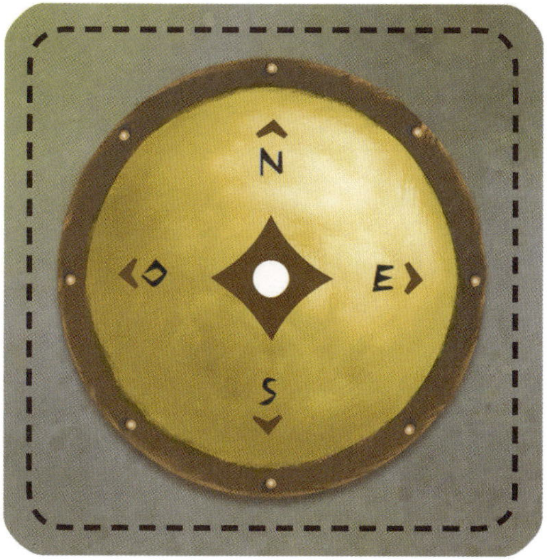
N
E
S
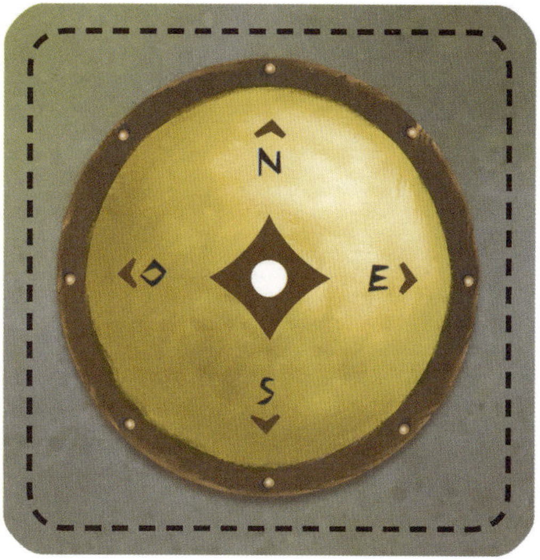
N
E
S

N
E
S

N
E
S

N
E
S

N
E
S

你从卡律布狄斯和斯库拉手里逃脱了！

想知道你现在在哪里?前往第64页吧。

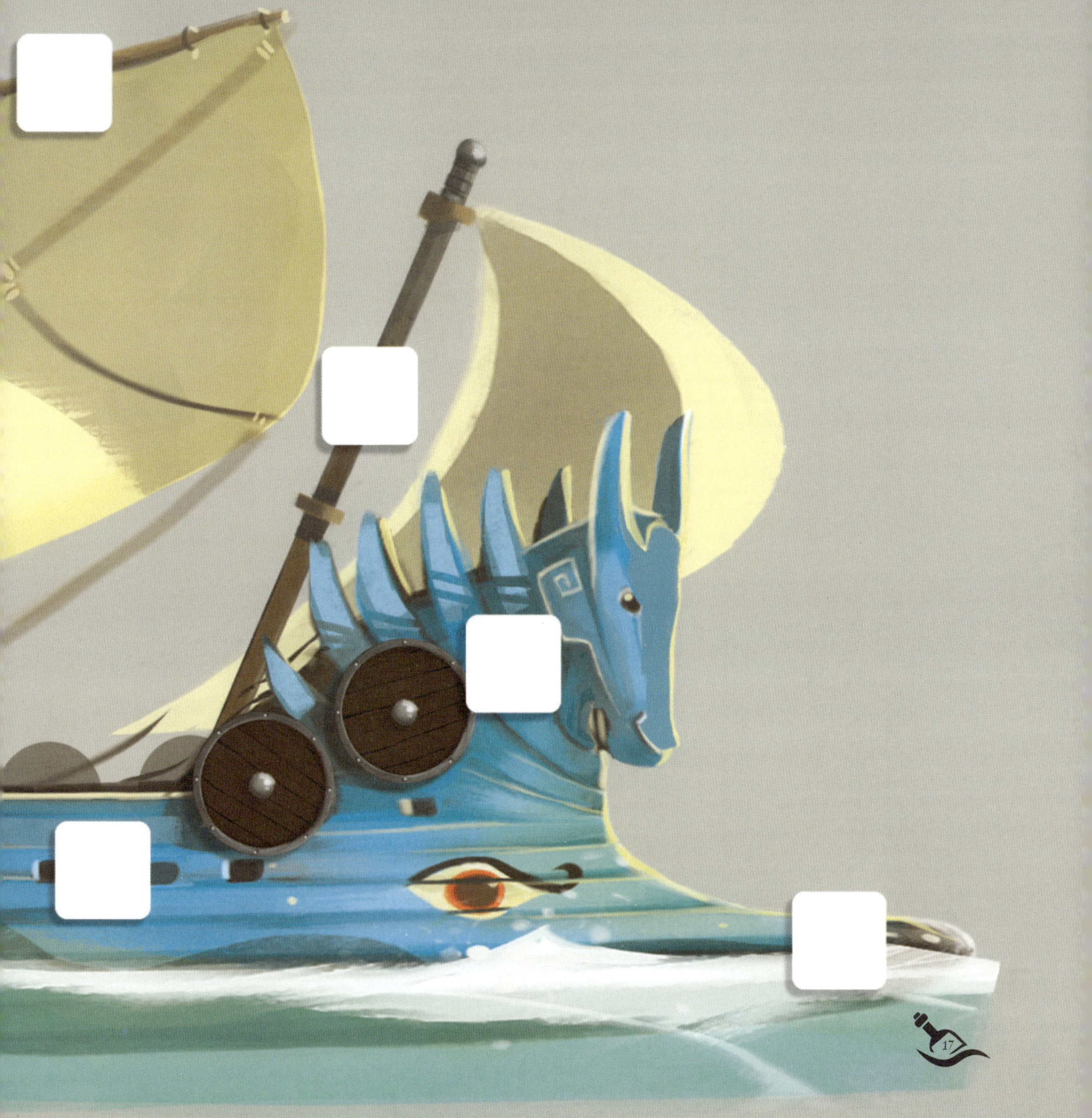

以下是你航程的不同阶段。
请注意，你需要将这些航程按顺序重新排列！

瑙西卡

卡吕普索

埃俄罗斯

掷骰子具有偶然性：
- 莱斯特哥尼亚人接着是罗多人
- 三叉戟岛然后是吉克诺斯人

喀耳刻

特洛伊

地狱

美人鱼

卡律布狄斯和斯库拉

独眼巨人们

你的船在特洛伊港。

要到你的船上,就立即前往第34页。

你真的想去看巨食人族吗?你确定?
你想被食人魔吃掉吗?好好想想……

如果是,去线索簿第27页。

如果不是,去正文页第29页并起航。

你要找的词是“返回”的意思。

以下是宾客名单：

- 雅典娜（Athéna）
- 尤利西斯（Ulysse）
- 瑙西卡（Nausicaa）
- 阿尔喀诺俄斯，瑙西卡的父亲（Alcinoos）
- 阿莱特，瑙西卡的母亲（Arété）
- 勒俄达马斯，瑙西卡的弟弟（Laodamas）
- 艾谢内沃斯，最年长的腓尼基人（Échénéos）
- 德谟多克斯，歌者（Démodocos）

重读书的第4-7页，填补你的记忆空白。

想验证你的密码是否正确？

如果你的答案可以通过汉语拼音得到两个字的词，那么答案很有可能就是正确的。

灾难呀！你所有的同伴都被吃掉了！你最好别去看巨食人族了……再读一读神谕吧！或许你能做一个更好的决定……

阿贾克斯（Ajax）
弓（Arc）
阿尔戈斯（Argos）
雅典娜（Athéna）
玻瑞阿斯（Borée）
歌声（Chant）
蜡（Cire）
绳子（Corde）
神（Dieu）
水（Eau）
地狱（Enfers）
埃俄罗斯（Éole）
剑（Épée）
东（Est）
欧洛斯（Euros）
希腊（Grèce）
岛（Île）
长枪（Lance）
桅杆（Mât）
大海（Mer）
蜂蜜（Miel）
北方（Nord）
诺托斯（Notos）
淹没（Noyer）
食人魔（Ogre）
航行（Périple）
海滩（Plage）
波利菲姆（Polyphème）
猪（Porc）
港口（Port）
皮洛斯（Pylos）
桨（Rame）
王后（Reine）
国王（Roi）
玫瑰（Rose）
狡猾（Ruse）
命运（Sort）
南方（Sud）
忒勒玛科斯（Télémaque）
暴风雨（Tempête）
风 （Vent）
生命（Vie）
葡萄酒（Vin）
仄费洛斯（Zéphyr）
宙斯（Zeus）

以下是你需要找到的词语：

猎枪 火把 水手

章鱼 斧头 弓

美人鱼 雅典娜 猫头鹰

木马 波利菲姆 特勒马科斯 拉埃尔特斯

羊 红

Α α Alpha A 1	Β β Beta B 2	Γ γ Gamma G 3	Δ δ Delta D 4	Ε ε Epsilon E 5	Ζ ζ Zeta Z 6
Η η Eta H 7	Θ θ Theta Th 8	Ι ι Iota I 9	Κ κ Kappa K 10	Λ λ Lambda L 11	Μ μ Mu M 12
Ν ν Nu N 13	Ξ ξ Xi X 14	Ο ο Omicron O 15	Π π Pi P 16	Ρ ρ Rho R 17	Σ σ, ς Sigma S 18
Τ τ Tau T 19	Υ υ Upsilon U 20	Φ φ Phi F 21	Χ χ Chi Kh 22	Ψ ψ Psi Ps 23	Ω ω Omega O 24

苦恼之河(Achéron)的名字
将指引你完成召唤仪式。

以下是你已经见过的希腊词语，它们在表格中：

埃俄罗斯
(Éole)

诺托斯
(Notos)

皮洛斯
(Pylos)

阿伽门农
(Agamemnon)

斯巴达
(Sparte)

玻瑞阿斯
(Borée)

墨涅拉俄斯
(Ménélas)

迈锡尼
(Mycènes)

仄费洛斯
(Zéphyr)

涅斯托尔
(Nestor)

你马上就要遇上美人鱼了！

去第60页迎接挑战吧。

翻看希腊字母表。
埃俄罗斯的城墙材料拼音的第五个字母所对应的数字减去风神的孩子数量：你可以得到字母H！